まちごとチャイナ

Beijing 007 Dongwuyuan
北京動物園と市街西部
「パンダ」と出合う北京

Asia City Guide Production

【白地図】北京市街

CHINA
北京

Dongwuyuan 白地図

北京市街

【白地図】北京市街西部

CHINA
北京

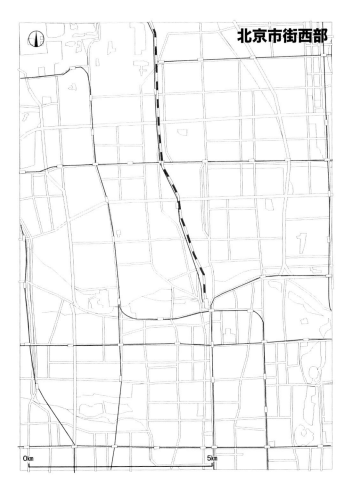

【白地図】西単

西单 / Dongwuyuan / 白地図

【白地図】阜成門と西直門

CHINA
北京

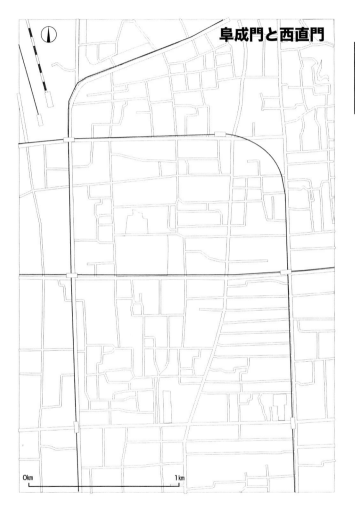

【白地図】鲁迅故居

CHINA
北京

魯迅故居

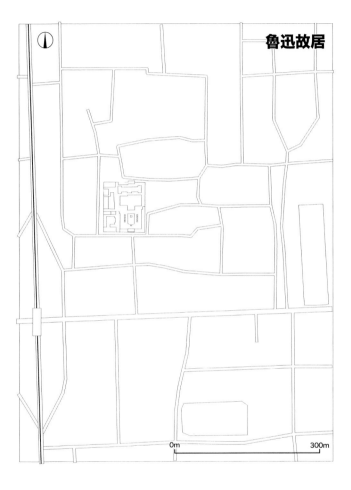

Dongwuyuan

白地図

【白地図】北京西城区

北京西城区

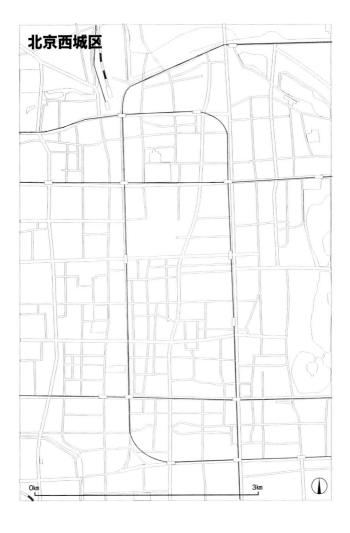

白地図

【白地図】北京金融街

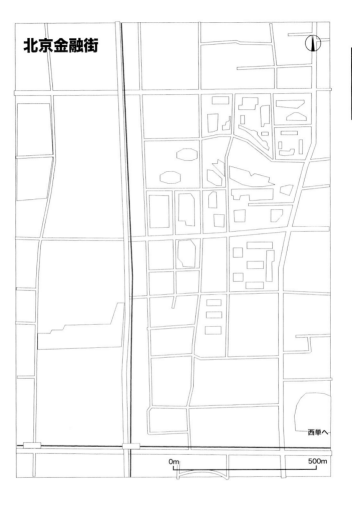
北京金融街

Dongwuyuan

白地図

西単へ

0m　500m

【白地図】玉淵潭公園と慈寿寺

CHINA
北京

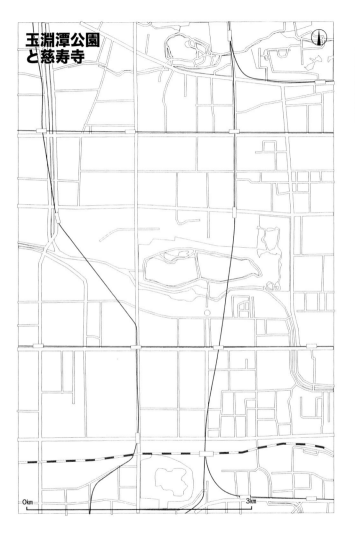

【白地図】北京動物園

CHINA
北京

北京動物園

Dongwuyuan

白地図

【白地図】紫竹院公園と大鐘寺

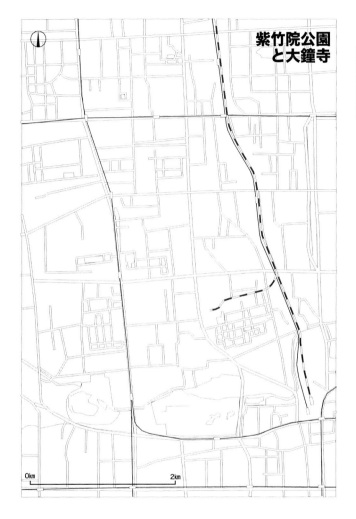

【白地図】中関村と頤和園

CHINA
北京

中関村と頤和園

Dongwuyuan

白地図

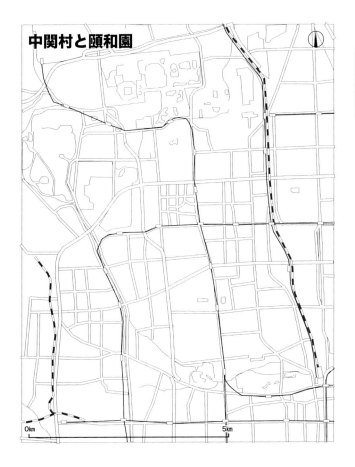

【白地図】中関村

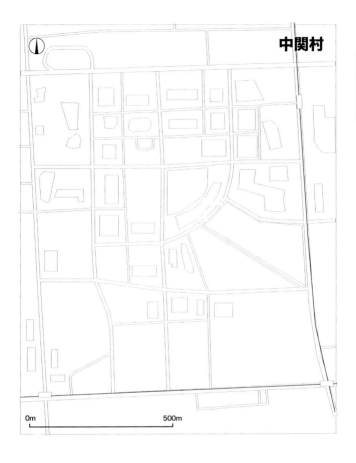

中関村

Dongwuyuan

白地図

【まちごとチャイナ】

北京 001 はじめての北京

北京 002 故宮（天安門広場）

北京 003 胡同と旧皇城

北京 004 天壇と旧崇文区

北京 005 瑠璃廠と旧宣武区

北京 006 王府井と市街東部

北京 007 北京動物園と市街西部

北京 008 頤和園と西山

北京 009 盧溝橋と周口店

北京 010 万里の長城と明十三陵

CHINA
北京

北海公園から西側に広がる西城区。ここには北京有数の繁華街西単があるほか、元代から続く古い胡同や妙応寺白塔や広済寺といった仏教寺院が残っている。この古い街並みの西側に西直門、阜成門、復興門がおかれ、そこから北京西部へと続いていた。

阜成門外の市街西部には、北京の北西から中心に向けてひかれた水路を使った玉淵潭公園、紫竹院公園といった庭園が整備され、そこにある湖は乾燥した北京の貯水池となってきた。紫竹院公園の近くには、広大な敷地をもつ北京動物園が

北京动物园
běi jīng dòng wù yuán
ベイジンドンウゥユェン

北京動物園と市街西部

Dong Wu Yuan

位置し、パンダをはじめとした多種多様な動物が見られる。

　また西から東に風がふく北京では、市街西部は比較的すがすがしい空気に包まれていて、20世紀になってから開発が進んだ区域としても知られる。中関村を中心に電子系をはじめとする企業、また国家図書館、大学や研究機関などが集中し、北京の頭脳の役割を果たしている。

【まちごとチャイナ】

北京 007 北京動物園と市街西部

目次

北京動物園と市街西部	xxvi
愛くるしい白と黒	xxxii
西城区城市案内	xxxix
玉淵潭城市案内	lxxiii
紫竹院城市案内	lxxxi
中関村城市案内	xcviii
中国の国民的作家魯迅	cxiv

【MEMO】

【地図】北京市街

CHINA
北京

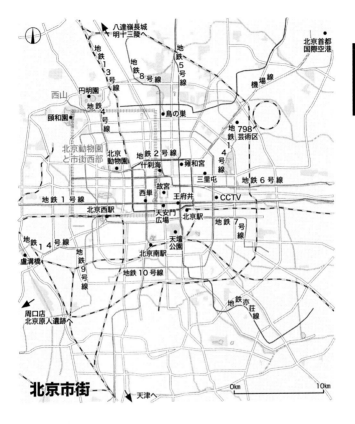

愛くるしい白と黒

CHINA
北京

中国四川省の山間に生息するパンダ
そのものぐさな様子から
世界中で愛される人気者となっている

北京動物園のパンダ

北京動物園には、中国の国宝とも言えるパンダが飼育されていて、愛嬌ある姿や無邪気な様子からもっとも人気の高い動物のひとつとして知られる。体長は1.2～1.5m、体重75～160kgで、丸い顔の目のまわりと耳、手足、両肩が黒く、他が白いという特徴をもつ。もともとパンダは中国四川省などの山間部で暮らし、世界に1000～2000頭しか生息していない。レッサーパンダに対して「大きいほうのパンダ」という意味でジャイアントパンダとも呼ばれている。

▲左　横になってささを食べるパンダ。　▲右　パンダのイラスト、何度見ても不思議な配色

「6本目の指」を使ってささを食べる

パンダは、たけ、ささ、たけのこを主食とし、人間のように坐って食事をとるところも見られる。またパンダの手首は骨がひとつ大きく発達していて、人間の親指のように使うことができる（俗に「6本目の指」と言われる）。ささは栄養価が低いことから、大人のパンダは1日12〜16kgも食事をとり、そのため動物園で見るパンダは、食事をしているところと眠っているところが多い。

CHINA
北京

▲左　寺廟では人々の集まる縁日が開かれた。　▲右　モジモジとおしりをこすりつけるパンダ

中国のパンダ外交

中国特産という希少性とその愛くるしいたたずまいから、パンダは中国の外交手段として利用されてきた。このパンダ外交は、第二次大戦中に国民党からアメリカにパンダが送られ、アメリカ世論の関心を買おうとしたことにはじまるという。また中華人民共和国成立後、アメリカはじめ中国と国交を開いた国に友好の証としてパンダが送られることがあった（それまで国際社会では、台湾が正式な中国と認められていた）。1972年の日中国交正常化にさいして、カンカンとランランが日本にやって来て、日本でも大人気となっている。現在、

パンダの生息地

希少動物であるパンダの他国への貸出しには高額のレンタル料がとられているが、一国二制度下の香港やマカオ、また台湾へは無料で送られている。

【地図】北京市街西部

【地図】北京市街西部の [★★★]
- [ ] 北京動物園 北京动物园ベイジンドンウーユェン

【地図】北京市街西部の [★★☆]
- [ ] 西単 西单シーダン
- [ ] 大鐘寺（覚生寺）大钟寺ダァチョンスー

【地図】北京市街西部の [★☆☆]
- [ ] 西四 西四シースー
- [ ] 西直門 西直门シーチィメン
- [ ] 紫竹院公園 紫竹院公园ズゥチュゥユェンゴンユェン
- [ ] 中国国家図書館 中国国家图书馆チョングゥオグゥオジャアトゥシュグァン
- [ ] 魏公村 魏公村ウェイゴンチュン
- [ ] 中関村 中关村チョングァンチュン
- [ ] 北京大学 北京大学ベイジンダアシュエ

【MEMO】

CHINA
北京

Guide, Xi Cheng Qu
西城区
城市案内

故宮にほど近い西城区
北京有数の繁華街西単があるほか
魯迅故居や仏教寺院といった遺構も見られる

西単 西单 xī dān シーダン ［★★☆］

西単は王府井とならんで北京を代表する繁華街で、故宮の西側を南北に走る。西単という地名は清代、西単牌楼が立っていたことに由来し、1930年に創業した老舗、西単商城はじめ、大悦城などの大型店舗がならぶ。観光客が多い王府井に対して、西単では服飾、食品などを買いものを楽しむ地元の北京人の姿がある。

【地図】西単

【地図】西単の [★★☆]
☐ 西単 西単シーダン

【地図】西単の [★☆☆]
☐ 民族文化宮 民族文化宮ミンズゥウェンファゴン

北京

西単の発展

清代、内城には満州族が暮らし、漢族の繁華街は外城にあったことから、王府井や西単は20世紀に入ってから発展した。とくに1949年に中華人民共和国が成立すると、故宮前を走る長安街が拡張され、地下鉄1号線が東西に走るなどターミナルとして西単の地位が向上した(西単は北京郊外の人々を呼び寄せた)。現在、北京の街は郊外に広がり、各地に大型ショッピングモールが開店しているため、西単の性格も変わろうとしている。

▲左　楼閣風の様式をもつ民族文化宮。　▲右　西単は北京を代表する繁華街

民族文化宮 民族文化宮
mín zú wén huà gōng ミンズゥウェンファゴン [★☆☆]

中国には漢族とは文化や伝統の異なる 55 の少数民族がいて、それら民族の風俗や習慣などが紹介された民族文化宮。中華人民共和国成立 10 周年を記念して 1959 年に開館し、博物館や図書館も併設されている。中央の高層建築の両脇に低層建築が続く特徴ある様式となっている。

西四 西四 xī sì シースー [★☆☆]

西単の北、北海公園の西に位置する西四。ここには東側の東

【地図】阜成門と西直門

【地図】阜成門と西直門の [★★☆]
- ☐ 妙応寺白塔 妙应寺白塔ミャオインスーバイタァ
- ☐ 魯迅故居 鲁迅故居ルゥシュングゥジュウ

【地図】阜成門と西直門の [★☆☆]
- ☐ 西四 西四シースー
- ☐ 万松老人塔 万松老人塔ワンソンラオレンタァ
- ☐ 広済寺 广济寺グァンジィスー
- ☐ 歴代帝王廟 历代帝王庙リィダイディワンミャオ
- ☐ 西直門 西直门シーチィメン

阜成門と西直門

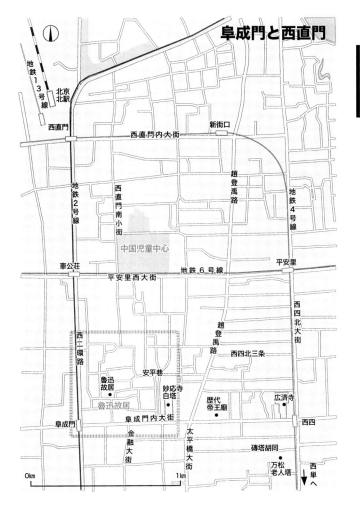

西城区城市案内

四と対置するように西四牌楼が立っていた場所で、西四界隈の街は元の大都の時代からの伝統をもつ古い寺院や仏塔が残っている(明清成立以前、北京には元の都がおかれていた)。

万松老人塔 万松老人塔
wàn sōng lǎo rén tǎ ワンソンラオレンタァ ［★☆☆］

万松老人塔は西四に立つ七層からなる高さ16mの尖塔。万松老人は金代の人で、のちにモンゴルの宰相になる耶律楚材が師事した人物と知られる(仏教と儒教に通じた著作などを記している)。この塔は北京のなかでも古い歴史をもつ塔の

なかのひとつで、元代に建てられ、明の万暦帝、清の乾隆帝、民国時代に重修されて現在にいたる。

万松老人の教えを受けた耶律楚材

チンギス・ハンの政治顧問となった耶律楚材は万松老人から教えを受け、「湛然居士従源」の法号を送られている。万松老人や耶律楚材の生きた12世紀は、金から元へと王朝が代わっていく時代で、華北がモンゴル族の侵略を受けるようになると、金の都は北京から開封へ遷された。25歳の耶律楚材は北京の万松老人のもとで修行していて、坐禅中に金が開

封で滅んだことを知ったという（耶律楚材は北京に都をおいた遼の王族出身で、遼に続く金、そしてモンゴルに仕えた）。

広済寺 广济寺 guǎng jì sì グァンジィスー ［★☆☆］
西四羊市大街の東に位置する宏慈広済寺。13世紀の金代末期に劉望雲が故宅を西劉村寺としたことにはじまり、ここで曹洞宗の僧万松行秀が『従容録』を執筆するなど由緒正しい伝統をもつ仏教寺院として知られる。元代に報恩洪済寺と改名され、その後、兵火で焼失したが、明代の1457年に普恵によって再興されて広済寺になった。康熙帝の時代の1694

▲左　三世仏が安置された大雄宝殿（大雄殿）。　▲右　広済寺は金代からの伝統をもつ古刹

年に大規模な改修が行なわれ、現在の伽藍が整い、日中戦争のときにはここが抗日運動の拠点になっていたという一面もある。貴重な明の明代の経典や遺物、方缸や仏像を収集していたが、1932年の火災で焼失してしまった。1953年に設立された中国仏教教会の本部がここ広済寺におかれている。

大雄宝殿 大雄宝殿
dà xióng bǎo diàn ダァションバオディエン [★☆☆]

山門、鐘楼、鼓楼、大雄宝殿、円通殿と一直線に続く広済寺の伽藍の中核をなす大雄宝殿。銅製の三世仏（過去、現在、

未来を表す）が安置され、その背面には一辺9mの大作「勝果妙因図」が見られる。この画は1744年、清朝第6代乾隆帝の命を受け、筆の代わりに手の指や爪に墨をつけて描かれた指頭画となっている。また大雄宝殿前には康熙帝、乾隆帝といった清代の石碑や銅の鼎が残っている。

歴代帝王廟 历代帝王庙
lì dài dì wáng miào リィダイディワンミャオ [★☆☆]

阜成門内大街に位置する歴代帝王廟。1531年、明の第12代嘉靖帝によって整備され、三皇五帝から夏殷周の王朝を創始

した三王（禹、湯王、武王）、漢の高祖、唐の太祖、宋の太祖、元の世祖（フビライ・ハン）、明の洪武帝など中国王朝の創始者がまつられていた。明清時代にはここで中国の歴代皇帝への祭祀が行なわれ、建物は皇帝のみに許される黄瑠璃瓦を配した伝統的なものとなっている。こうした王朝問わず、歴代の帝王をまつるという祭祀は、明の初代洪武帝の時代にはじめられた制度で、この歴代帝王廟が建てられる以前は南京（明発祥の地）で見られた。清末期には皇帝の位牌がならべられていたが、その位牌は中華民国時代に入って失われてしまった。

妙応寺白塔 妙应寺白塔
miào yìng sì bái tǎ ミャオインスーバイタァ ［★★☆］

元代、フビライ・ハンの命で建てられた仏塔をもつ妙応寺白塔。高さ50.9mの白塔は現存するチベット式仏塔のなかでは最大規模となっている。この寺院は、遼代の1096年からあったが、元代の1271年に改修されて大聖寿万安寺と呼ばれ、堂内の壁には黄金がはられていた（フビライ・ハンは、チベット僧パスパに師事し、チベット仏教寺院の大護国仁王寺やこの大聖寿万安寺などのチベット仏教寺院を北京に建てた。元代では新皇帝が即位するたびに、チベット仏教寺院が

▲左　中国王朝創始者たちがまつられた歴代帝王廟。　▲右　背後に白塔が見える、妙応寺白塔

建てられたという)。その後、明代の1457年に改修され、寺の名前も妙応寺となった。また清代以来の妙応寺の燈市が知られ、毎年、正月の元旦には多くの人々が訪れている。

白塔 白塔 bái tǎ バイタァ ［★☆☆］

妙応寺の白塔は、遼代の1096年に創建された歴史をもち、北京にはそれぞれ黒塔、青塔などと呼ばれる5つの塔があったという（すでに失われている）。現在のチベット式仏塔は、1271年、フビライの命によってネパール人工匠のアニコ（阿尼哥）が建てたもので、大理石づくりの沙弥座のうえに蓮台をつくり、そ

CHINA
北京

のうえに円塔を載せている。高さは50.9mで、この白塔から妙応寺は白塔寺の愛称で呼ばれる。妙応寺はちょうど北京の中心から西に位置し、五行説の立場では西の色は白で、塔は白虎の気をしずめる効果があると考えられた。そのため元、明、清時代を通じて、北京西部に仏塔が建てられることが多く、妙応寺は仏教寺院だが中国古来の五行説の考えとの融合を見せている。

ネパール人工匠アニコ（阿尼哥）

妙応寺白塔の境内には、フビライ・ハンの招きを受けて、この塔を建てたネパール人工匠アニコ（阿尼哥）の像が立っている。

▲左　妙応寺白塔はチベット仏教の寺院。　▲右　ネパール人アニコの像、ネワール族の衣装をまとっている

古くからネパールには木造彫刻や建築で優れた工匠がいて、現在でもカトマンズやパタンでは美しい建築が残っている。モンゴル族の元代は、漢族を統治するために人材を広く西方に求め、アニコもヒマラヤを越えて80人の職人を連れ、北京までやって来た（チベット僧パスパの呼びかけで、チベットにつくった黄金の塔が評価された）。フビライ、続くテムルに仕えたアニコは、1305年に63歳で没するまで、北京の聖寿万安寺（妙応寺白塔）、五台山の万聖佑国寺などを建立し、郭守敬の天文台の建設などにも参加している。北京郊外の宛平県杳山郷に葬られ、その墓誌には「泥波羅國良工之萃（ネパール国の工匠）」と記されている。

【地図】魯迅故居

【地図】魯迅故居の [★★☆]
- ☐ 魯迅故居 魯迅故居ルゥシュングゥジュウ
- ☐ 妙応寺白塔 妙応寺白塔ミャオインスーバイタァ

魯迅故居

Dongwuyuan

西城区城市案内

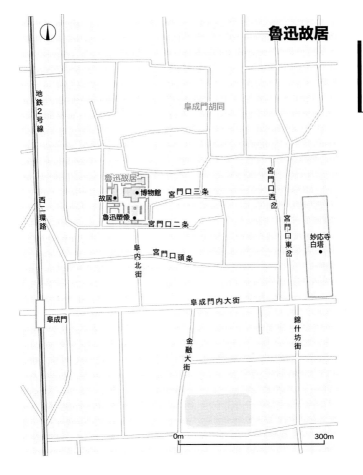

魯迅故居 鲁迅故居 lǔ xùn gù jū ルゥシュングゥジュウ [★★☆]

『阿Q正伝』や『狂人日記』といった作品を書き、中国近代文学の父とたたえられる魯迅の故居。阜成門の近くに位置するこの家で、魯迅は1924〜1926年のあいだ母親と妻朱安と暮らし、反軍閥の姿勢から身に危険を感じ、やがて廈門へ移住した。1956年に博物館として開館し、魯迅に関するさまざまな展示が見られるほか、敷地内には伝統的な四合院様式の家が残る。魯迅自身の指示で北側に増築した部屋を書斎、寝室とし、そのたたずまいから「老虎尾巴（虎のしっぽ、また緑林書屋）」と呼ばれていた。

▲左　阜成門内の一角に残る魯迅故居。　▲右　館内には魯迅の著作がならんでいる

作家を志した魯迅

清朝末期の1881年、浙江省紹興に生まれた魯迅。近代化に遅れ、西欧列強の進出を許していた中国にあって、魯迅は革命軍の軍医になるために、仙台医学専門学校（東北大学医学部）に留学している。仙台での留学時代、「スパイ疑惑をかけられて処刑される中国人を、その周囲の中国人が見ている」という日露戦争を題材にした映像を観て、同胞が殺されているのに何もしない中国人に憤り、医学ではなく、文学を志すことに決めたという。魯迅が北京で執筆した『狂人日記』『阿Q正伝』などの作品は、中国青年層に強い衝撃をあたえることになった。

【地図】北京西城区

【地図】北京西城区の [★★★]
- ☐ 北京動物園 北京动物园ベイジンドンウーユェン

【地図】北京西城区の [★★☆]
- ☐ 西単 西单シーダン
- ☐ 魯迅故居 鲁迅故居ルゥシュングゥジュウ
- ☐ 妙応寺白塔 妙应寺白塔ミャオインスーバイタァ

【地図】北京西城区の [★☆☆]
- ☐ 西直門 西直门シーチィメン
- ☐ 月壇公園 月坛公园ユエタンゴンユェン
- ☐ マテオ・リッチの墓 利瑪竇和外国傳教士墓地 リィマァドウハァワイグゥオフゥジャオシームゥディ
- ☐ 北京金融街 北京金融街ベイジンジンロンジエ
- ☐ 都城隍廟 北京城隍庙ベイジンチェンファンミャオ
- ☐ 民族文化宮 民族文化宫ミンズゥウェンファゴン
- ☐ 広済寺 广济寺グァンジィスー

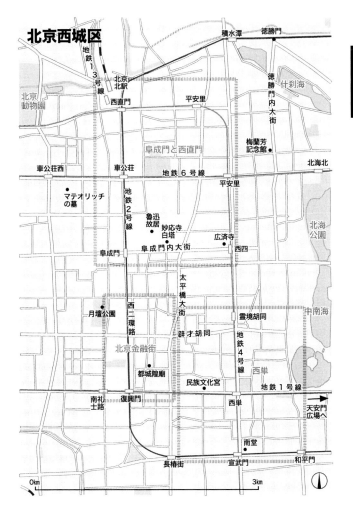

CHINA
北京

▲左　りんご飴のような糖葫芦（さんざし）、阜成門近くにて。　▲右　北京城外西部に位置する月壇公園

月壇公園 月坛公园 yuè tán gōng yuán ユエタンゴンユェン[★☆☆]

故宮西の阜成門外に位置する月壇公園は、北京の街をとり囲むように配置された祭壇のひとつで、現在は公園として開かれている。南の天壇、東の日壇、北の地壇とならべられ、月壇では「夜明の神」である月がまつられていた。明清時代、秋分の日には月が出るのを待ち、壇上に「夜明之神位」と記された神牌を東に向けて祭祀が行なわれた。天壇、地壇、日壇、月壇といった壇は、それぞれ冬至、夏至、春分、秋分に対応し、これらの祭祀は16世紀、明の第12代嘉靖帝の時代に礼制改革が行なわれて以降、明清時代を通じて続いた。

【MEMO】

北京

マテオ・リッチの墓 利瑪竇和外国傅教士墓地
lì mǎ dòu hé wài guó fù jiào shì mù dì リィマァドウハァワイグゥオフゥジャオシームゥディ ［★☆☆］

車公荘大街にあるフランス教会にたたずむマテオ・リッチの墓。マテオ・リッチ（1552～1610年）は中国のキリスト教布教で功績をあげたイエズス会の宣教師として知られる。明の万暦帝に仕え、自ら西儒を名乗り、中国の伝統にあわせながら布教を進めた。当時、中国でなくなった西欧人は、マカオに移送されなくてはならなかったが、西欧の科学技術などで中国の朝廷に貢献したことが認められ、この地にマテオ・

▲左　長安街には巨大な建物が立ちならぶ。　▲右　マテオ・リッチが土地をあたえられた南堂にて

リッチの墓が築かれた。その後、アダム・シャール、フェルビーストといった外国人宣教師がここに埋葬されるようになった。

中国とキリスト教布教

長い歴史をもち自国の文化に強い自信をもつ中国にとって、西欧人は蛮族であり、中国国内へのキリスト教の布教はなかなか許されなかった。この西欧人の拠点となったのが、明代、ポルトガルの統治が許されたマカオで、西欧の商人や宣教師はまずマカオを目指すことになった（皇帝の住む北京から見

CHINA
北京

れば、マカオは南の僻地に過ぎず、蛮族を隔離する意図があった)。こうしたなかマテオ・リッチは西欧の科学技術を紹介したり、儒教とキリスト教の共通点(天とゼウスなど)を見つけることで中国への布教を進めた。同時代にフランシスコ・ザビエルが日本で布教を行なっているが、九州を中心に日本で信者を獲得したのに対して、保守的な中国ではキリスト教布教は思うようには進まなかった。

【MEMO】

【地図】北京金融街の [★☆☆]

- [ ] 北京金融街 北京金融街ベイジンジンロンジエ
- [ ] 都城隍廟 北京城隍庙ベイジンチェンファンミャオ
- [ ] 月壇公園 月坛公园ユエタンゴンユェン

北京

北京金融街 北京金融街
běi jīng jīn róng jiē ベイジンジンロンジエ［★☆☆］

北京市街西部の復興門近くにずらりとならぶ高層ビル群。北京金融街は、銀行、保険、証券といった金融系企業が集まる一帯で、街の性格から「北京のウォール街」にもたとえられる。清朝時代から続く胡同が再開発されたこともあり、学院胡同、金城坊といった地名も残っている。西興盛胡同西側の突きあたりに位置する金融街広場には、春秋戦国時代（前770～前221年）の青銅製の貨幣「布銭」をモチーフにしたモニュメントが立つ。

都城隍廟 北京城隍庙 **běi jīng chéng huáng miào**
ベイジンチェンファンミャオ［★☆☆］

阜成門近くに位置する北京の都城隍廟。13世紀の元代にさかのぼる歴史をもち、街の守護神である城隍がまつられてきた。この神様は住民の生活を守るだけでなく、死後の行方も見守ると信じられ、中国の街には必ず城隍廟があった。この北京の都城隍廟は、元以降、明清時代を通じて中国の城隍廟を代表する地位をもち、いくども改修されてきた。

Guide,
Yu Yuan Tian Gong Yuan
玉淵潭
城市案内

北京西部に広がる玉淵潭公園
そばには中央広播電視塔が立つ
また明代に建てられた慈寿寺塔も見応えがある

中華世紀壇 中华世纪坛
zhōng huá shì jì tán チョンファシィジイタン [★☆☆]
中華世紀壇は、長安街に面する北京西部に立つモニュメント。21世紀という新世紀を迎えるにあたって建てられたもので、聖火広場には周口店からもってきた聖なる中華民族の炎が燃えている（周口店の北京原人は火を使って生活していた）。

【地図】玉淵潭公園と慈寿寺の［★★★］
- [ ] 北京動物園 北京动物园 ベイジンドンウーユェン

【地図】玉淵潭公園と慈寿寺の［★★☆］
- [ ] 慈寿寺塔 慈寿寺塔 ツゥーショウスータァ

【地図】玉淵潭公園と慈寿寺の［★☆☆］
- [ ] 中華世紀壇 中华世纪坛 チョンファシィジイタン
- [ ] 玉淵潭公園 玉渊潭公园 ユゥユァンタンゴンユェン
- [ ] 中央広播電視塔 中央广播电视塔 チョンヤングァンボォディエンシィタァ
- [ ] 紫竹院公園 紫竹院公园 ズゥチュゥユェンゴンユェン
- [ ] 中国国家図書館 中国国家图书馆 チョングゥオグゥオジャアトゥシュグァン

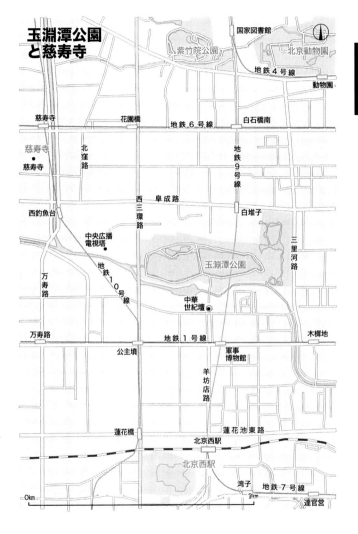

▲左 豊かな水をたたえる玉淵潭公園。 ▲右 中華世紀壇は21世紀を迎えるにあたって整備された

玉淵潭公園 玉渊潭公园 yù yuān tán gōng yuán
ユゥユァンタンゴンユェン [★☆☆]

北京市街西部に位置する広大な玉淵潭公園。北京南西部に中都をおいた金代から景勝地として知られ、東西両湖と八一湖からなる美しい湖が見られる。かつて日本の桜が天壇公園へ送られたが、のちにこの玉淵潭公園に移された。またこの公園の西側にはテレビ塔がそびえている。

【MEMO】

北京

中央広播電視塔 中央广播电视塔 zhōng yāng guǎng bō diàn shì tǎ チョンヤングァンボォディエンシィタァ ［★☆☆］

北京西部の海淀区に立つ中央広播電視塔。高さ 386.5m になるテレビ塔で、1994 年に完成した。玉淵潭公園からもその姿を確認することができる。

慈寿寺塔 慈寿寺塔
cí shòu sì tǎ ツゥーショウスータァ ［★★☆］

北京の西郊外にそびえる高さ 56m の慈寿寺塔。正式名称を永安万寿塔といい、また阜成門から西八里にあることから八

▲左　玉淵潭公園で開かれていた朝市。　▲右　天をつくようにそびえる中央広播電視塔

里荘の塔などとも呼ばれる。八角形、13層からなるプランをもつ慈寿寺塔は、1578年、明第14代万暦帝の母の李太后によって、天寧寺塔を模して建立された（旧宣武区にそびえる天寧寺塔の姉妹塔と呼ばれ、塔の壁面には仏像などが彫られている）。仏教への信仰が篤かった李太后の、夫（13代隆慶帝）や息子（14代万暦帝）への思いがこの塔にはこめられている。当時は慈寿寺という寺の伽藍があったが、清朝末期に壊れて塔のみが残っている。

Guide,
Zi Zhu Yuan Gong Yuan
紫竹院
城市案内

パンダの飼育で知られる北京動物園は
西直門から西に位置する
あたりには紫竹院公園や中国国家図書館がある

西直門 西直门 xī zhí mén シーチィメン ［★☆☆］

北京北西への起点となるのが西直門で、歴史的に頤和園などの離宮、居庸関や八達嶺といった万里の長城、そしてモンゴル高原へと続く交通の要衝であった。城壁、門がとり払われたあとも、地名が残り、近くに北京北駅が位置する。

斜めに走る城壁

明代に建設され、現在は撤去された北京内城の城壁に沿うように地鉄2号線が走っている。この内城城壁は、左右対称の北京の街にあって、西直門から積水潭にかけてだけななめに

▲左 ガラスの向こうに見えるパンダ。　▲右 パンダのことを中国語で「大熊猫」と呼ぶ

つくられていた。これはモンゴル族の元を北方に追いやった明が、反撃を恐れて工事を急ぎ、ななめに走る水路があったため、それにあわせてななめの城壁になったのだという（元の大都では、より北に城壁があった）。

北京動物園 北京动物园 běi jīng dòng wù yuán
ベイジンドンウーユェン ［★★★］

パンダに出合える動物園として知られる北京動物園（1955年、重慶から運ばれてきて以来、パンダが飼育されている）。中国を象徴する動物パンダのほかにも「孫悟空のモデルに

【MEMO】

【地図】北京動物園

【地図】北京動物園の ［★★★］
- [ ] 北京動物園 北京动物园 ベイジンドンウーユェン

【地図】北京動物園の ［★☆☆］
- [ ] 五塔寺（真覚寺）五塔寺 ウータァスー
- [ ] 中国国家図書館 中国国家图书馆 チョングゥオグゥオジャアトゥシュグァン

北京動物園

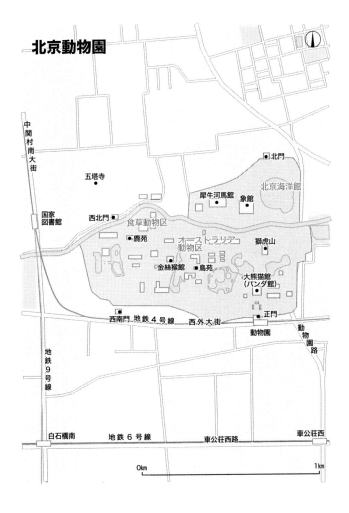

Dongwuyuan

紫竹院城市案内

CHINA
北京

なった」とされる金絲猴、「ひづめはウシ、頭はウマ、角はシカ、体はロバ」に似ている四不像（麋鹿）などの動物が見られる。もともと動物園のあるあたりには明清の皇室離宮がおかれ、清朝末期にドイツから買った動物を集めるようになったことで、動物園としての性格がはじまった。中華人民共和国成立後、1950年に一般に開放され、改修されたのち現在の北京動物園のかたちになった。

清代の北京動物園

北京動物園は、清朝末期の 1908 年に完成した農事試験場「万牲園」をその前身とする（正門は 1910 年に建てられた歴史をもつ）。この万牲園では、清朝官吏の端方がドイツの動物商から購入したライオンやトラ、象などの動物が飼育されていた。中華民国時代になると一般にも開放され、その後、1949 年に中華人民共和国が成立してからしばらくは西郊公園と呼ばれていた。

北京

五塔寺（真覚寺）五塔寺 wǔ tǎ sì ウータァスー　[★☆☆]
北京動物園の北側に位置する五塔寺。この寺院は15世紀の明の永楽帝時代に建立され、現在は塔が残っている。高さ8mの基壇の中央に13層の塔がそびえ、その四隅に11層の小さな塔が囲むように立つことから、五塔寺と呼ばれる。壁面には仏像や仏教説話、蓮の花などの意匠がほどこされている。

【MEMO】

【地図】紫竹院公園と大鐘寺

【地図】紫竹院公園と大鐘寺の [★★★]
- ☐ 北京動物園 北京动物园ベイジンドンウーユェン

【地図】紫竹院公園と大鐘寺の [★★☆]
- ☐ 大鐘寺（覚生寺）大钟寺ダァチョンスー

【地図】紫竹院公園と大鐘寺の [★☆☆]
- ☐ 五塔寺（真覚寺）五塔寺ウータァスー
- ☐ 紫竹院公園 紫竹院公园ズゥチュゥユェンゴンユェン
- ☐ 中国国家図書館 中国国家图书馆 チョングゥオグゥオジャアトゥシュグァン
- ☐ 魏公村 魏公村ウェイゴンチュン
- ☐ 大慧寺（大佛寺）大慧寺ダァフイスー
- ☐ 中関村 中关村チョングァンチュン
- ☐ 西直門 西直门シーチィメン

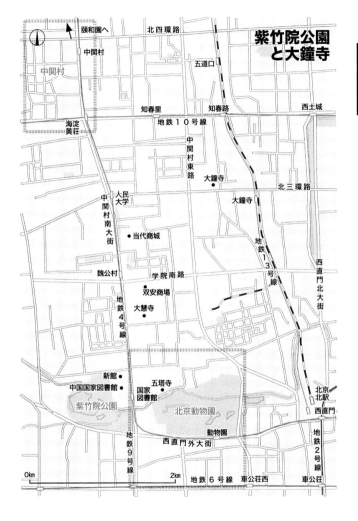

紫竹院公園 紫竹院公园 zǐ zhú yuàn gōng yuán
ズゥチュゥユェンゴンユェン ［★☆☆］

西直門から西に位置する紫竹院公園。ふたつの湖と3つの島が見られ、敷地には多くの竹が植えられている。13世紀の元代、北京北西の玉泉山からフビライ・ハンの宮廷へ水を運ぶにあたって、もとから流れていた高梁河に貯水池を造営し、北京の水源としたことで紫竹院公園の原型ができあがった。その後、明第14代万暦帝の1577年に万寿寺が建てられ、その別院の紫竹院の名前が園名として定着した。1949年の新中国成立後に公園として整備され、周囲には北京動物園や中

▲左　園内には無数の竹が茂る。　▲右　紫竹院公園を走る水路

国国家図書館といった施設が見られる。

頤和園へ続く水路

元代、郭守敬は北京西北から流れていた高梁河に注目し、この水路を工事することで西山の水を北京中心部へと運ぶことに成功した（元代の水路は長河と呼ばれた）。この紫竹院公園を通る水路は、9.5km先の頤和園へと続き、清代、ここから船に乗って皇帝や皇后は頤和園へと向かった。当時、紫禁城から離宮の頤和園への中継所となっていたため行宮もおかれていた。

CHINA
北京

高梁河の戦いと澶淵の盟

唐滅亡後の五代十国時代、北京と山西省北部をふくむ燕雲十六州は北方騎馬民族の遼の支配下にあった。一方、開封に都をおいた宋は、五代十国の地方政権を次々に倒し、勢力を北京近くにも広げていた。979年7月、北京の高梁河（かつて紫竹院公園の地を流れた）で北方の遼と南方の宋があいまみえた。結果、宋は敗北して燕雲十六州は遼のものとなり、やがて1004年、澶淵の盟が結ばれた。この条約は「遼を兄、宋を弟とする」「宋が遼へ銀10万両、絹20万を毎年送る」「国境は変更しない（燕雲十六州は遼のもの）」という漢民族に

▲左　冬、凍った湖面へ降りる巨大なすべり台が見られた。　▲右　膨大な書物を収蔵する中国国家図書館

とっては屈辱的な内容だった。この条約によって、宋の北方領土が確定し、科挙の採用、儒教による統治が進められた（唐に続く時代、中国は分裂期に入り、北方に遼や金といった王朝、南方に宋や南宋といった王朝があった）。

北京

中国国家図書館 中国国家图书馆 zhōng guó guó jiā tú shū guǎn チョングゥオグゥオジャアトゥシュグァン［★☆☆］

清朝時代の1909年に創設された京師図書館を前身とし、2700万冊もの膨大な蔵書をもつ中国国家図書館。なかでも本館に隣接する新館中央の閲覧室は逆ピラミッド型の巨大空間をもち、静寂に包まれた空間のなかで多くの人が書物に向きあっている。

Guide, Zhong Guan Cun
中関村
城市案内

CHINA
北京

北京大学や清華大学といった
大学がならぶ北京西郊エリア
中関村には中国を代表する企業がオフィスを構える

魏公村 魏公村 wèi gōng cūn ウェイゴンチュン [★☆☆]
紫竹院公園から北に位置する魏公村。古くは北京郊外の村落があるに過ぎなかったが、元代、フビライに仕えたウイグル人の蒙速思がこのあたり葬られ、やがて北京におけるウイグル人ゆかりの地になった（フビライ・ハンは官吏を漢族ではなく、西方のイスラム教徒に求めた）。現在でもウイグル料理店などが見られるほか、漢族以外の少数民族の料理店をいくつも見ることができる。また周囲は大学などがならぶ地域となっている。

大慧寺（大佛寺） 大慧寺 dà huì sì ダァフイスー ［★☆☆］

大慧寺は魏公村のそばに位置する仏教寺院で、創建は明代の16世紀にさかのぼる。18世紀、清の乾隆帝時代に重修されて現在の伽藍となった。後殿に巨大な仏像が安置されているところから、大佛寺とも呼ばれる。

【地図】中関村と頤和園

【地図】中関村と頤和園の [★★★]
- [ ] 北京動物園 北京动物园 ベイジンドンウーユェン

【地図】中関村と頤和園の [★☆☆]
- [ ] 魏公村 魏公村 ウェイゴンチュン
- [ ] 中関村 中关村 チョングァンチュン
- [ ] 北京大学 北京大学 ベイジンダアシュエ
- [ ] 清華大学 清华大学 チンフゥアダアシュエ
- [ ] 西直門 西直门 シーチィメン
- [ ] 中国国家図書館 中国国家图书馆 チョングゥオグゥオジャアトゥシュグァン

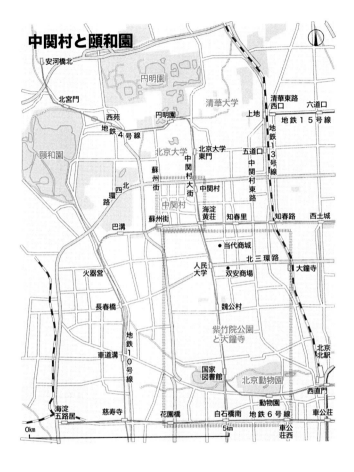

【地図】中関村の [★☆☆]

- 中関村 中关村チョングァンチュン

北京

中関村 中关村 zhōng guān cūn チョングァンチュン [★☆☆]
中国IT企業や外資系企業が集まり、北京を代表するビジネス街となっている中関村。「中国のシリコンバレー(電子街)」にもたとえられ、大学、企業の研究機関のほか、当代商城や双安商場といった大型ショッピング・モールが立つ。中関村を中心とする北京動物園から頤和園にいたる一帯は、清華大学や北京大学、中国国家図書館に近い文教地区となっていて、人材の確保、起業にも適している。ここでコンピューター、通信、バイオ、新素材、環境科学、航空・海洋工学など各分野で中国最先端の研究、開発が試みられている。

▲左　北京でもウイグル料理が食べられる。　▲右　中国国家図書館で書物に向かう人々

中関村の発展

北京市街から離れたのどかな場所だった中関村が発展するようになったのは1980年代になってからのこと。1978年以降、鄧小平による主導のもと、中国経済の方針は大きく転換し、資本主義の要素をとり入れ、外資系企業を呼びこむことで経済発展につなげる「改革開放」がはじまった。この改革開放を流れは当時、イギリスの植民地だった香港に隣接する広東省（深圳）からはじまったが、北京では中国最高の頭脳を抱える清華大学や北京大学に隣接した中関村の地が注目された。こうして税制を優遇して外資系企業を誘致し、そのノ

【MEMO】

CHINA
北京

ウハウや影響を中国に還元するという方法で、中関村は急速に発展した。21世紀以降は世界を代表するIT、ソフトウェア、金融といった分野の中国企業が中関村に拠点を構えるようになった。

北京大学 北京大学 běi jīng dà xué ベイジンダアシュエ［★☆☆］
清朝時代の1898年に建てられた京師大学堂を前身とする北京大学。新文化運動はじめ中国の近代化に貢献した蔡元培（1917年に学長に就任）、『新青年』を発刊し、中国共産党の設立メンバーとなった陳独秀（文学部長をつとめた）、独自

CHINA
北京

の思想を体系づけていった毛沢東(図書館司書として勤務)のほか、李大釗や魯迅といった人物も招聘されるなど、中国の近代史をつくった人々と密接な関係があり、自由と民主の伝統が育まれた。また1919年、二十一カ条要求に抵抗した五四運動、1966年の文化大革命、1989年の天安門事件などの学生運動で中心的役割を果たしてきた。

中関村城市案内 Dongwuyuan

▲左　大鐘寺の門構え。　▲右　中国を代表する北京大学

新しい学問を教える学堂

中国では周の時代から学校の伝統があり、歴代王朝治下では儒教の経典『四書五経』を学ぶことが重要視された。清朝末期、西欧列強の進出を受けるなかで、康有為、梁啓超らは日本の明治維新（近代化に成功した）にならって1898年、戊戌の変法を行なった。このとき近代的な学問の場として創建されたのが京師大学堂で、それまでの「学校」と区別して西洋の学問を教える「学堂」と呼ばれた。結局、戊戌の変法は西太后によってつぶされるが、京師大学堂は残り、のちに北京大学へとなった。

CHINA
北京

清華大学 清华大学 qīng huá dà xué チンフゥアダァシュエ[★☆☆]
中国屈指の名門で、とく工科系に強い大学として知られる清華大学。もともとここには明清時代の皇室の離宮「清華園」がおかれていたが、1911年、アメリカが返還した義和団事件の賠償金の一部を使って、清華学堂として成立した。そのようなところから、清華大学礼堂などはアメリカの大学の講堂を思わせ、この大学からアメリカへ留学するという伝統が息づくようになった。1949年の中華人民共和国成立後、北京大学、燕京大学とともに再編成され、胡錦濤はじめ多くの政治家を排出している。

▲左 重さ46.5tの鐘、下の機械で音量をはかる。　▲右 大鐘寺に陳列されていたさまざまな鐘

大鐘寺（覚生寺）大钟寺
dà zhōng sì ダァチョンスー［★★☆］

世界でもまれな巨大な鐘が見られることから、大鐘寺の異名をもつ覚生寺。清代の1733年に創建され、干ばつのときに皇帝が雨乞いをすることで知られていた。山門から鐘鼓楼、天王殿、大雄殿へと続き、大鐘楼には重さ46.5tになる巨大な鐘が安置されている。この鐘のほかにも編鐘という古い時代の楽器から西洋のものまで多種多様の鐘が収集されていて、周代の音をひびかせるものもあるという。

北京

永楽帝による巨大な鐘

大鐘楼に安置された大鐘は、高さ6.75 m、口径3.3 m、重さ46.5tにもなる。この鐘は1420年ごろ、明の永楽帝が命じて鋳造させたもので、表面には永楽帝に選ばれた経文が23万語が刻まれている。この鐘はもともと徳勝門内の漢経廠にあったが、清の乾隆帝の時代（1743年）にこの寺に移された。大鐘をおさめる大鐘楼は二層からなり、上層は円形、下層は方形の天円地方のつくりになっている。

中国の国民的作家魯迅

CHINA
北京

時代が大きく変わろうとするなか
魯迅は『狂人日記』や『阿Q正伝』
といった作品を北京で執筆した

魯迅が生きた時代と日本

光緒帝がおさめる清朝末期、長らく続いた満州族の支配と封建制度を打破する機運が高まるなか、1881年に魯迅は浙江省紹興で生まれた。当時、日本は明治維新をへて近代化を成功させ、1894年に起こった日清戦争で清を破り、またその10年後、日露戦争に勝利し、欧米列強の仲間入りしようとしていた。そうした日本への中国人留学生が増え、魯迅のほかにも孫文、蒋介石、周恩来などが日本へ留学していた（東京は、満州族に抵抗する革命根拠地となっていた）。魯迅が仙台に留学した当時のことは『藤野先生』に記されていて、

▲左　魯迅故居の敷地内、古い北京の街並みを思わせる。　▲右　魯迅は新しい言葉で人々に訴えかけた

日本での魯迅は和服を着て畳に坐り、ほとんどなまりもなく日本語を話したという。

北京での魯迅

1909年、魯迅は日本から帰国し、杭州や南京で中国文学を教えていたが、1911年に辛亥革命が起こると北京へ移ることになった。北京での魯迅は宣武門外の紹興会館に7年半暮らし、北京大学はじめさまざまな大学で講師をしながら生計を立てていた（教え子にはのちに妻となる許広平がいた）。その後、母親、兄弟を呼んで1919年に西直門内の八道湾に

CHINA
北京

住み、仮住まいをへて、阜成門内に家を構えた（これが魯迅博物館）。やがて魯迅は政治的立場から身の危険を感じて、厦門、広州、上海へと活動の場を替えるが、この北京時代に『狂人日記』『阿Q正伝』などの作品を執筆している。

魯迅が書いた作品

旧来の封建社会を批判した魯迅の『狂人日記』『阿Q正伝』といった作品は、中国知識人層に強い影響をあたえることになった。魯迅のペンネームがはじめて使われた『狂人日記』では、「人が自分を食べようとする」という主人公の心理を

Dongwuyuan 中国の国民的作家魯迅

▲左　魯迅は日本留学経験をもつ。　▲右　「もともと地上には道はない。歩く人が多くなれば、それが道になるのだ」『故郷』（魯迅 / 竹内好訳）

通して、封建社会の因習を批判した。また『阿Q正伝』では、喧嘩に負けようとも自分に都合のよい解釈をする「精神勝利法」をもつ日雇い農民の阿Qが、それに気づかないまま処刑される様子を描いた（西欧列強に侵略されていく中国を映したという）。数千年にわたる伝統をもつ中国にあって、魯迅は近代、現代へと続く新たな時代へ向かうための作品を発表したと言われる。

参考文献

『パンダ外交』（家永真幸 / メディアファクトリー）

『動物大百科』（D.W. マクドナルド / 平凡社)

『魯迅入門』（竹内好 / 講談社）

『魯迅』（片山智行 / 中央公論社）

『中国の頭脳清華大学と北京大学』（紺野大介 / 朝日新聞社）

『ネパール全史』(佐伯和彦 / 明石書店)

『北京の史蹟』（繭山康彦 / 平凡社）

『北京市の都市流通』（田中道雄 / 経済経営論叢）

『北京・慈寿寺塔と李太后』（松木民雄 / 北海道東海大学紀要）

『世界大百科事典』（平凡社）

［PDF］北京空港案内 http://machigotopub.com/pdf/beijingairport.pdf

［PDF］北京空港シャトルバス路線図 http://machigotopub.com/pdf/beijingairportbus.pdf

［PDF］北京地下鉄路線図 http://machigotopub.com/pdf/beijingmetro.pdf

［PDF］地下鉄で「北京めぐり」http://machigotopub.com/pdf/metrowalkbeijing.pdf

［PDF］北京新都心 CBD 案内 http://machigotopub.com/pdf/beijingcbdmap.pdf

まちごとパブリッシングの旅行ガイド

Machigoto INDIA , Machigoto ASIA , Machigoto CHINA

【北インド - まちごとインド】

001 はじめての北インド
002 はじめてのデリー
003 オールド・デリー
004 ニュー・デリー
005 南デリー
012 アーグラ
013 ファテープル・シークリー
014 バラナシ
015 サールナート
022 カージュラホ
032 アムリトサル

【西インド - まちごとインド】

001 はじめてのラジャスタン
002 ジャイプル
003 ジョードプル
004 ジャイサルメール
005 ウダイプル
006 アジメール(プシュカル)
007 ビカネール
008 シェカワティ
011 はじめてのマハラシュトラ
012 ムンバイ
013 プネー
014 アウランガバード
015 エローラ
016 アジャンタ
021 はじめてのグジャラート
022 アーメダバード
023 ヴァドダラー(チャンパネール)
024 ブジ(カッチ地方)

【東インド - まちごとインド】

002 コルカタ
012 ブッダガヤ

【南インド - まちごとインド】

001 はじめてのタミルナードゥ
002 チェンナイ
003 カーンチプラム
004 マハーバリプラム
005 タンジャヴール
006 クンバコナムとカーヴェリー・デルタ
007 ティルチラパッリ
008 マドゥライ
009 ラーメシュワラム
010 カニャークマリ
021 はじめてのケーララ
022 ティルヴァナンタプラム
023 バックウォーター(コッラム〜アラップーザ)
024 コーチ(コーチン)
025 トリシュール

【ネパール - まちごとアジア】

001 はじめてのカトマンズ
002 カトマンズ
003 スワヤンブナート

004 パタン
005 バクタプル
006 ポカラ
007 ルンビニ
008 チトワン国立公園

【バングラデシュ - まちごとアジア】

001 はじめてのバングラデシュ
002 ダッカ
003 バゲルハット（クルナ）
004 シュンドルボン
005 プティア
006 モハスタン（ボグラ）
007 パハルプール

【パキスタン - まちごとアジア】

002 フンザ
003 ギルギット（KKH）
004 ラホール
005 ハラッパ
006 ムルタン

【イラン - まちごとアジア】

001 はじめてのイラン
002 テヘラン
003 イスファハン
004 シーラーズ
005 ペルセポリス
006 パサルガダエ（ナグシェ・ロスタム）
007 ヤズド
008 チョガ・ザンビル（アフヴァーズ）
009 タブリーズ

010 アルダビール

【北京 - まちごとチャイナ】

001 はじめての北京
002 故宮（天安門広場）
003 胡同と旧皇城
004 天壇と旧崇文区
005 瑠璃廠と旧宣武区
006 王府井と市街東部
007 北京動物園と市街西部
008 頤和園と西山
009 盧溝橋と周口店
010 万里の長城と明十三陵

【天津 - まちごとチャイナ】

001 はじめての天津
002 天津市街
003 浜海新区と市街南部
004 薊県と清東陵

【上海 - まちごとチャイナ】

001 はじめての上海
002 浦東新区
003 外灘と南京東路
004 淮海路と市街西部
005 虹口と市街北部
006 上海郊外（龍華・七宝・松江・嘉定）
007 水郷地帯（朱家角・周荘・同里・甪直）

【河北省 - まちごとチャイナ】

001 はじめての河北省
002 石家荘
003 秦皇島
004 承徳
005 張家口
006 保定
007 邯鄲

【江蘇省 - まちごとチャイナ】

001 はじめての江蘇省
002 はじめての蘇州
003 蘇州旧城
004 蘇州郊外と開発区
005 無錫
006 揚州
007 鎮江
008 はじめての南京
009 南京旧城
010 南京紫金山と下関
011 雨花台と南京郊外・開発区
012 徐州

【浙江省 - まちごとチャイナ】

001 はじめての浙江省
002 はじめての杭州
003 西湖と山林杭州
004 杭州旧城と開発区
005 紹興
006 はじめての寧波
007 寧波旧城
008 寧波郊外と開発区
009 普陀山
010 天台山
011 温州

【福建省 - まちごとチャイナ】

001 はじめての福建省
002 はじめての福州
003 福州旧城
004 福州郊外と開発区
005 武夷山
006 泉州
007 廈門
008 客家土楼

【広東省 - まちごとチャイナ】

001 はじめての広東省
002 はじめての広州
003 広州古城
004 天河と広州郊外
005 深圳（深セン）
006 東莞
007 開平（江門）
008 韶関
009 はじめての潮汕
010 潮州
011 汕頭

【遼寧省 - まちごとチャイナ】

001 はじめての遼寧省
002 はじめての大連
003 大連市街
004 旅順
005 金州新区

006 はじめての瀋陽
007 瀋陽故宮と旧市街
008 瀋陽駅と市街地
009 北陵と瀋陽郊外
010 撫順

【重慶 - まちごとチャイナ】

001 はじめての重慶
002 重慶市街
003 三峡下り（重慶～宜昌）
004 大足

【香港 - まちごとチャイナ】

001 はじめての香港
002 中環と香港島北岸
003 上環と香港島南岸
004 尖沙咀と九龍市街
005 九龍城と九龍郊外
006 新界
007 ランタオ島と島嶼部

【マカオ - まちごとチャイナ】

001 はじめてのマカオ
002 セナド広場とマカオ中心部
003 媽閣廟とマカオ半島南部
004 東望洋山とマカオ半島北部
005 新口岸とタイパ・コロアン

【Juo-Mujin（電子書籍のみ）】

Juo-Mujin 香港縦横無尽
Juo-Mujin 北京縦横無尽
Juo-Mujin 上海縦横無尽

【自力旅游中国 Tabisuru CHINA】

001 バスに揺られて「自力で長城」
002 バスに揺られて「自力で石家荘」
003 バスに揺られて「自力で承徳」
004 船に揺られて「自力で普陀山」
005 バスに揺られて「自力で天台山」
006 バスに揺られて「自力で秦皇島」
007 バスに揺られて「自力で張家口」
008 バスに揺られて「自力で邯鄲」
009 バスに揺られて「自力で保定」
010 バスに揺られて「自力で清東陵」
011 バスに揺られて「自力で潮州」
012 バスに揺られて「自力で汕頭」
013 バスに揺られて「自力で温州」

【車輪はつばさ】
南インドのアイラヴァテシュワラ寺院には建築本体に車輪がついていて寺院に乗った神さまが人びとの想いを運ぶと言います。

・本書はオンデマンド印刷で作成されています。
・本書の内容に関するご意見、お問い合わせは、発行元のまちごとパブリッシング info@machigotopub.com までお願いします。

まちごとチャイナ
北京007北京動物園と市街西部
～「パンダ」と出合う北京 [モノクロノートブック版]

2017年11月14日　発行

著　者	「アジア城市（まち）案内」制作委員会
発行者	赤松　耕次
発行所	まちごとパブリッシング株式会社 〒181-0013　東京都三鷹市下連雀4-4-36 URL http://www.machigotopub.com/
発売元	株式会社デジタルパブリッシングサービス 〒162-0812　東京都新宿区西五軒町11-13 清水ビル3F
印刷・製本	株式会社デジタルパブリッシングサービス URL http://www.d-pub.co.jp/

MP083

ISBN978-4-86143-217-0 C0326　　　　Printed in Japan
本書の無断複製複写(コピー)は、著作権法上での例外を除き、禁じられています。